INSTITUT DE FRANCE

ACADÉMIE DES SCIENCES MORALES ET POLITIQUES

LE CONGRÈS INTERNATIONAL

DE DROIT MARITIME

DE GÊNES

(SEPTEMBRE 1892)

Rapport lu à l'Académie les 3, 10 et 17 décembre 1892

PAR

Arthur DESJARDINS

DOCTEUR ÈS LETTRES, DOCTEUR EN DROIT
MEMBRE DE L'INSTITUT DE FRANCE
AVOCAT-GÉNÉRAL A LA COUR DE CASSATION DE FRANCE
MEMBRE ASSOCIÉ DE L'INSTITUT DE DROIT INTERNATIONAL

PARIS

—

1893

INSTITUT DE FRANCE

ACADÉMIE DES SCIENCES MORALES ET POLITIQUES

LE CONGRÈS INTERNATIONAL

DE DROIT MARITIME

DE GÊNES

(SEPTEMBRE 1892)

Rapport lu à l'Académie les 3, 10 et 17 décembre 1892

PAR

Arthur DESJARDINS

DOCTEUR ÈS LETTRES, DOCTEUR EN DROIT
MEMBRE DE L'INSTITUT DE FRANCE
AVOCAT-GÉNÉRAL A LA COUR DE CASSATION DE FRANCE
MEMBRE ASSOCIÉ DE L'INSTITUT DE DROIT INTERNATIONAL

———◆———

PARIS

—

1893

EXTRAIT DU COMPTE RENDU

De l'Académie des sciences morales et politiques

(INSTITUT DE FRANCE)

Par MM. Henry VERGÉ et P. de BOUTAREL

Sous la direction de M. le Secrétaire perpétuel de l'Académie

---

LE CONGRÈS INTERNATIONAL

DE DROIT MARITIME

DE GÊNES

(SEPTEMBRE 1892).

MESSIEURS,

Un congrès international de droit maritime s'est réuni, le 26 septembre, à Gênes. En majeure partie composé de jurisconsultes et de négociants italiens, il comptait en outre un assez grand nombre de membres français, belges, russes, allemands, autrichiens, hongrois. Ce n'est donc pas à un point de vue exclusivement italien que ces questions de législation maritime ont été traitées dans la capitale maritime de l'Italie. Comme jadis à Anvers, à Bruxelles, à Hambourg, à Brême, à Glascow, à York, à Londres, à Liverpool, à Washington, on s'est préoccupé d'uniformiser et de perfectionner la coutume universelle.

S'il est, en effet, une branche du droit où le principe d'unité tend à prévaloir contre la diversité des races et des législations locales, c'est le droit maritime, Par cela même qu'il régit les navigations maritimes, il régit continuellement, ainsi que je l'ai dit ailleurs, les rapports internationaux. Les navigateurs au long cours exportent des matières premières et des produits fabriqués dans tous les pays du monde et rapportent de tous les points du globe d'autres matières premières et d'autres produits fabriqués : ils s'engagent donc nécessairement envers des commerçants qui appartiennent à toutes les nationalités. Aussi sentent-ils tout l'avantage qu'ils auraient à naviguer, à trafiquer sous l'empire d'une seule et même loi. Ce besoin est si naturel, si conforme aux nécessités du commerce maritime qu'il l'emporta longtemps, même au moyen âge, sur le morcellement indéfini des terroires et des souverainetés. Alors que la loi civile proprement dite variait d'une province à l'autre, les *rôles d'Oléron*, par exemple, furent acceptés comme loi commune maritime dans tous les pays que baigne l'Océan atlantique ou la mer du Nord, en même temps que les rois de Castille leur imprimaient force législative dans les ports méditerranéens et que les cités commerçantes de la Baltique en intercalaient les dispositions dans leur législation particulière. De même, le *Consulat de la mer* régna dès le xvᵉ siècle sur presque tout le littoral de la Méditerranée, et l'on finit même par l'appliquer au delà de ces limites comme un droit coutumier général. Un mouvement analogue se dessine dans la seconde partie du xixᵉ siècle et l'on s'entend déjà pour soumettre à des règles uniformes un grand nombre de matières : par exemple les abordages, le jaugeage des navires, le rapatriement des marins délaissés, la remise des matelots déserteurs, la réglementation des quarantaines, etc.

Le dernier congrès avait sa place marquée dans l'illustre cité génoise, au moment même où l'on y célébrait, avec une rare magnificence, la mémoire de Christophe Colomb. Inauguré par MM. Podesta, syndic de Gênes, Bonacci, ministre de grâce et de justice, Tito Orsini, sénateur, président du conseil de l'ordre des avocats de Gênes, il a répondu par l'éclat de ses discussions et par l'importance de ses travaux à l'attente du monde maritime. On y a remué beaucoup d'idées et dépensé beaucoup d'efforts pour arriver à l'entente commune sur un assez grand nombre de questions intéressantes. Tous ces vœux ne sont pas d'une application immédiate et pratique, mais il est utile que ces débats se produisent, que ces projets soient mis au grand jour et tantôt approuvés, tantôt contredits : c'est par là que des illusions se dissipent et que des vérités se dégagent.

I

La quatrième section du congrès, présidée par le jurisconsulte Ugo Carcassi, avait été spécialement chargée d'étudier les questions relatives à l'abordage et à l'assistance maritime. Les solutions qu'elle proposait ont été pour la plupart, sur un savant rapport de M. Pietro Cogliolo, adoptées avec de très légers remaniements.

La plus importante de ces propositions concernait l'établissement d'une juridiction internationale maritime en matière d'abordage. « Parmi les parties du droit maritime qui « semblent réclamer une législation uniforme, écrivait il y « a quelques années le jurisconsulte hollandais Asser, il « faut signaler en premier lieu les collisions de navires en « pleine mer. » Partiellement accueilli par le règlement international de 1879, ce vœu ne serait pleinement exaucé que si les peuples navigateurs pouvaient arriver à constituer dans certains cas, par exemple à la suite de collisions entre navires de nationalités différentes, une juridiction uniforme, dont le recrutement garantirait la stricte impartialité. Le congrès a voté les résolutions suivantes, qui méritent d'être méditées par toutes les nations maritimes et spécialement par nos cours de justice.

« I. Pour les abordages, les sauvetages, l'assistance et les « questions accessoires, il est institué une juridiction inter- « nationale maritime entre les États adhérents sous réserve « de la juridiction ordinaire en cas d'accord des parties. « II. La juridiction internationale maritime appartient : « A. au premier degré, au tribunal arbitral du lieu de la « première relâche (*del luogo di primo approdo*) et, lors- « qu'on ne peut pas établir la priorité de la relâche, au

« tribunal qui a été le premier saisi de l'affaire. B. au deu-
« xième degré, aux cours suprêmes maritimes dont la déci-
« sion sera définitive et irrévocable. III. La compétence
« territoriale des tribunaux arbitraux est déterminée par la
« juridiction consulaire (*determinata dalla giurisdizione*
« *consolare*) (1), celle des cours par des traités. Les tribu-
« naux arbitraux se composent de deux arbitres choisis par
« les parties, un par chacune d'elles, sur une liste formée
« des noms des consuls de la circonscription consulaire, des
« commandants de port et des commandants de navire qui
« seront inscrits dans la liste susdite suivant les modes et
« conditions règlementaires à établir. Le collège arbitral
« est présidé par un tiers arbitre choisi par les parties ou,
« à défaut, par le président du plus haut collège judiciaire
« du lieu de l'arbitrage. Dans le cas où les bâtiments plai-
« dants sont plus de deux, les arbitres seront élus en nom-
« bre impair et proportionnel suivant la règle ci-dessus.
« V. Les cours suprêmes internationales maritimes (2) se
« composent de représentants spéciaux des États adhérents
« au nombre de deux pour chaque État, l'un pour la partie
« juridique, l'autre pour la partie maritime. VI. Dans le
« cas où des navires, portant le même pavillon, plaident
« sur un fait advenu dans un port ou fleuve ou dans les
« autres eaux intérieures de l'État auquel ils appartiennent,
« la juridiction internationale est facultative. La même
« règle sera appliquée auxdits navires même pour les évé-

(1) Dans le projet primitif, le tribunal de première instance, composé
des deux consuls des États auxquels appartenaient les navires engagés
dans le procès et du consul le plus ancien de la même résidence, était
intitulé tribunal consulaire. La compétence territoriale du tribunal arbitral se confondra donc avec celle de la juridiction consulaire ; mais le
congrès semble n'avoir pas prévu le cas où chacun des consulats institués
dans un port n'aurait pas la même compétence territoriale.

(2) Le projet primitif instituait *cinq* cours internationales : la fixation
d'un chiffre a été supprimée

« nements survenus en mer, pourvu que le procès soit
« intenté pendant qu'ils se trouvent dans un port de leur
« nationalité ».

Un habile avocat du barreau de Paris, qui suivait les
travaux du Congrès, paraît douter que les gouvernements
consentent à l'établissement d'une juridiction maritime
internationale (1). Quand cette proposition devrait rencon-
trer de sérieux obstacles, j'approuve qu'elle ait été débattue
et votée. J'appliquerais plus volontiers encore à ce plan
qu'à l'*Essai de Kant sur la paix perpétuelle* cette phrase
d'un de nos anciens confrères : « Quand même cet idéal ne
« devrait jamais être réalisé, rien ne nous dispense d'agir
« comme s'il devait l'être un jour. »

Mais est-il vrai que cet idéal ne soit pas réalisable ? La
France a déjà tenté, dans ses traités de 1830 avec Tunis et
de 1832 avec Tripoli, de donner aux conseils des prises un
caractère mixte ; on avait essayé d'introduire la même
pratique dans la guerre de l'indépendance grecque. Plusieurs des jeunes écrivains qui se sont disputé le prix dans
le concours ouvert par cette académie même sur la question de l'arbitrage international avaient proposé tout à la
fois l'institution de commissions mixtes internationales
pour le jugement des prises et pour le jugement des abordages entre bâtiments de nationalité différente. Ils pouvaient d'autant mieux le faire que de semblables collisions
avaient, à plusieurs reprises, suscité, dans la pratique, des
arbitrages internationaux (2). Ce serait d'ailleurs rendre,
au monde maritime un service signalé, car les procès de
compétence sont, en pareille matière, résolus d'après des
principes opposés par les tribunaux des différentes nations
européennes (3), et soulèvent des difficultés inextricables.

(1) Voir la *Gazette des Tribunaux* du 12 octobre 1892.
(2) Comp. Michel Révon, *L'arbitrage international*, p. 319.
(3) Voir à ce sujet le rapport de M. Cogliolo, p. 5 et 6.

Il existe, en France même, autant de systèmes différents sur ces questions épineuses qu'il y a de jurisconsultes (1). Dès 1883, à Milan, l'*Association pour la réforme et la codification du droit des gens* avait proposé la rédaction d'un code unique, universel sur les collisions en mer, et c'est au rapport du professeur Sacerdoti que l'Institut de droit international vota, dans sa session de 1888, un projet de loi substituant une règle uniforme aux dispositions variables des diverses législations. Mais ce texte unique recevrait bientôt les interprétations les plus contraires et, chaque pays maritime ayant à bref délai sa jurisprudence, la diversité renaîtrait de l'unité. Le congrès de Gênes a le mérite de ne pas s'arrêter à mi-chemin.

II

Au rapport de la même section, le congrès a posé, dans les termes suivants, les principes fondamentaux de l'assistance maritime.

« VIII. Dans tous les cas d'abordage, chaque commandant
« de navire doit prêter, autant qu'il peut, à l'autre navire,
« à son équipage, à ses passagers tous les secours possibles
« et utiles pour les sauver du danger résultant de l'abor-
« dage suivant les règles à établir par des traités. IX. L'as-
« sistance aux personnes est obligatoire sous les sanctions
« à établir par traités. X. Le sauvetage des choses est facul-
« tatif et peut être l'objet de conventions. Les conventions
« sont valables dans les limites du danger que le navire
« assistant (*nave salvante*) a rencontré pour porter secours,
« du risque qu'il a couru pour effectuer le sauvetage, des
« pertes, frais et dommages auxquels il s'est exposé, et
« finalement de la valeur des choses sauvées et d'une juste
« rémunération pour le sauvetage des choses. Ces conven-

(1) Voir mon *traité de droit commercial maritime*, t. V, n. 1117 et 1118.

« tions, en cas d'excès, sont sujettes à réduction. XI. S'il
« n'est pas intervenu de convention et si les parties ne
« s'accordent pas pour établir le montant des indemnités
« et des compensations dues au navire assistant, les tribu-
« naux arbitraux les fixeront d'après les circonstances et
« conformément à la règle énoncée en l'article X. »

La quatrième section et le congrès lui-même ont été gui-
dés, dans cette partie de leur œuvre, par une excellente
brochure de M. Vincenzo Lanza, dans laquelle le savant
professeur de droit commercial à l'université de Naples
étudie le droit à l'assistance maritime sous trois aspects
successifs, selon qu'il dérive de la loi même ou d'un contrat
ou d'un quasi-délit. Ils avaient en outre sous les yeux les
procès-verbaux du grand congrès de Washington qui
proclamait déjà, dès octobre 1889, « l'assistance obligatoire
des personnes. » Mais, à Washington, le congrès était
entré dans les plus minutieux détails techniques, décrivant,
par exemple, à propos du sauvetage à la mer, les appareils
de sauvetages à bord des navires et le mode d'inspection
de ces appareils, à propos du sauvetage *by operations from
shore* l'organisation d'institutions de sauvetage, l'emploi
d'équipages enrégimentés et disciplinés dans les stations
de sauvetage, les moyens à employer pour transmettre les
informations entre les navires échoués et le littoral. Le
congrès de Gênes a procédé d'une tout autre manière en
se bornant à poser un petit nombre de règles indistincte-
ment imposées par le bon sens et par l'équité.

Nous sommes heureux de constater que les chambres
françaises sont elles-mêmes, après de bien longs tâtonne-
ments, entrées dans cette voie. Notre loi du 10 mars 1891
pose enfin, dans son article 4, le principe d'une assistance
obligatoire, après un abordage, pour chacun des navires
abordés. Le congrès de Gênes a bien fait en premier lieu
de s'approprier cette règle, en second lieu de la généra-
liser. Oui, l'assistance *des personnes* est obligatoire, et

M. Lanza pouvait ajouter que la sanction pénale du refus de cette assistance doit être déterminée par la législation particulière de chaque État (1). Le congrès n'aborde pas cette question de droit public interne et renvoie, comme il devait le faire, aux sanctions internationales, c'est-à-dire aux traités.

Mais le sauvetage des choses n'est que facultatif, et rien n'est plus sensé. Le capitaine d'un navire n'est pas tenu de compromettre, d'amoindrir ou de retarder le succès de l'expédition commerciale à laquelle il est préposé, pour empêcher la ruine d'une autre expédition dont il ne répond pas. Il n'est pas moins raisonnable d'empêcher le sauveteur d'abuser de la situation d'un navire en détresse, et les tribunaux doivent garder le droit de réduire certaines rémunérations, non librement consenties. D'après quelles règles la réduction devra-t-elle s'opérer? C'est ce que le congrès a très bien expliqué.

III

C'est la première section du congrès qui, sous la présidence et au rapport du jurisconsulte G. Picconi, a fait passer l'innovation la plus hardie. « Chaque navire, a-t-il « été décidé, est une individualité juridique à responsabilité « limitée jusqu'à concurrence de ce qui constitue son « patrimoine. » Un publiciste français auquel il faut bien reconnaître un grand mérite, quoiqu'il ait, par la dangereuse puissance de sa dialectique, entraîné la jurisprudence française à quelques solutions à jamais regrettables, M. de Courcy, avait cité avec des transports d'enthousiasme, en 1879, un jugement du tribunal de commerce d'Anvers, parce que ce tribunal, au lieu de déclarer la responsabilité personnelle du capitaine, avait dit : la faute est *au navire* : « D'où il suit, avait-on jugé, que le bateau *Télégraphe* est

______

(1) Comp. art. 4 § 2 et 3 de la loi française du 10 mars 1891.

« en faute, et partant responsable. » Mais qu'on le remarque ! Le tribunal d'Anvers raisonnait et parlait ainsi pour arriver à condamner la société défenderesse, propriétaire du bateau *Télégraphe*, en la personne de son directeur ! C'est à un but contraire que tend le congrès. Le navire, bien que *chose*, est traité comme une personne. Son armateur, auquel appartient, d'après le texte d'une seconde résolution, « la gestion et la représentation active et pas-« sive du navire », serait assimilé désormais au gérant d'une société à responsabilité limitée, lequel ne s'oblige pas personnellement, mais oblige seulement la personne morale (dans l'espèce, le navire). Voici donc l'armateur libéré par l'abandon de ce navire non seulement des obligations contractées par ce capitaine, mais de celles qu'il aura contractées lui-même. C'est aller bien loin ! Croit-on consolider par là le crédit maritime ? Si le navire, pris isolément, n'inspire pas de confiance, si l'on peut craindre légitimement que des créanciers privilégiés ou hypothécaires n'absorbent le montant de sa valeur vénale, à qui s'adressera-t-il en cas de détresse ? Qui voudra lui prêter ? Comment admettre d'ailleurs que des armateurs n'engageront pas leur crédit personnel pour sauver une expédition compromise ? On n'ira pas, je le suppose, jusqu'à déclarer un semblable engagement contraire à l'ordre public et nul de plein droit. S'il en est ainsi, les prêteurs sauront exiger, en cas de besoin, cet engagement personnel. On arrivera vite à scinder les opérations commerciales maritimes en deux catégories : celles des navires marchands qui ne pourront compter que sur leur patrimoine personnel, celles des navires marchands qui pourront s'appuyer sur leurs armateurs. Les capitaux afflueront aux secondes et s'éloigneront des premières. Etait-ce bien la peine de déroger au principe du droit civil d'après lequel quiconque s'oblige personnellement s'oblige sur tous ses biens ?

J'approuve au contraire la première section d'avoir fait

voter la résolution suivante : « Les gens de l'équipage ne
« perdent leurs droits à leurs loyers que si l'on établit à
« leur charge une faute ou une négligence. » Où sont les
neiges d'antan ? Qu'est devenue cette disposition surannée
du code français de 1807, copiée par tant d'autres codes,
d'après laquelle les matelots, en cas de prise, de bris et de
naufrage, avec perte entière du navire et des marchandises,
ne pouvaient prétendre aucun loyer ? On cesse définitivement, ainsi que nous l'avions fait nous-mêmes en 1885,
de regarder les loyers des matelots comme une sorte de
produit du fret perdu en cas de naufrage ; on ne juge plus
équitable de faire participer les matelots au désastre qui
atteignait l'armateur ; il ne paraît plus indispensable d'in-
téresser les matelots au salut du navire afin qu'ils soient
moins tentés de l'abandonner en cas de péril.

Mais qu'on y prenne garde ! Voici bien, si je ne me
trompe, un recours personnel que le congrès accorde aux
marins naufragés contre l'armateur, ainsi que le législateur
français l'avait fait en 1885 à la face du monde maritime.
Cet armateur n'est donc plus le simple gérant d'une société
à responsabilité limitée ? S'il ne l'est pas dans un cas unique,
la fiction s'évanouit d'elle-même.

La première section proposait encore et le congrès a
voté la résolution suivante : « Les avances et prêts sur frets
doivent être mentionnés sur les connaissements. » On com-
prend aisément l'utilité pratique de cette résolution. Il
importe que le prêteur sache à quoi s'en tenir sur la dis-
ponibilité du fret. Si ce fret est déjà grevé jusqu'à concurrence de sa valeur ou peu s'en faut, ce n'est plus qu'un
gage dérisoire. Cette innovation offre un intérêt particulier
pour les pays maritimes où le fret peut être affecté, par la
convention, d'un droit de préférence au profit de tel ou tel
créancier, par exemple en Angleterre et aux États-Unis.
Il est souverainement juste de renseigner sur la consis-
tance nette du fret le créancier qui prête exclusivement

en vue de la garantie spéciale stipulée sur ce fret. Le
code de commerce italien (art. 673) donne, on le sait, un
privilège de huitième ordre « à toute dette, à la grosse ou
« avec gage sur le fret, transcrite et marquée sur l'acte de
« nationalité. » Mieux vaut encore la mentionner sur le
connaissement d'abord parce que celui-ci fait foi entre
toutes les parties intéressées au chargement, ensuite parce
qu'un droit de gage sur le chargement du navire peut être
constitué par la remise de cette pièce : ce créancier gagiste,
possesseur fictif de la marchandise contre laquelle le fret
peut être recouvré par voie d'action réelle et privilégiée,
saura donc quels sont les cessionnaires du fret, par consé-
quent qui peut exercer cette action contre lui au lieu et
place du fréteur originaire.

IV

D'après une jurisprudence qui prévaut en France (1)
comme en Angleterre, mais que la Cour suprême des États-
Unis a proscrite et qui ne saurait être, en effet, trop éner-
giquement répudiée, l'armateur peut s'exonérer, par une
clause insérée dans le connaissement, de toute faute ou
négligence quelconque commise soit dans l'administration,
soit dans la conduite du navire. Cette jurisprudence est, à
notre avis, en contradiction avec la loi française. En outre,
elle sacrifie à l'excès les intérêts des chargeurs. Les grandes
compagnies de navigation, monopolisant un certain nombre
de transports, imposent la clause léonine : il faut la subir
ou s'abstenir de charger. A l'abri d'un pacte semblable, des
armateurs trop avides et peu scrupuleux peuvent confier
leurs navires à de mauvais capitaines et tout leur permettre,
même des négligences inexcusables qui compromettraient
le bon état de navigabilité du bâtiment : protégés eux-

(1) Toutefois, en France, plusieurs Cours d'appel résistent encore
sur ce point à la jurisprudence de la Cour de cassation

mêmes contre tous les risques par leurs polices d'assurances, ils n'ont plus à s'inquiéter des fautes lourdes que
leurs préposés pourraient commettre, dussent-elles expo-
ser la vie des matelots et des passagers. Aussi les tribunaux
français, au premier plan desquels il faut placer le tribunal
de commerce de Marseille, avaient-ils pendant plus de
soixante ans annulé cette clause d'irresponsabilité comme
contraire à l'ordre public.

En octobre 1885, le congrès d'Anvers constata sans dif-
ficulté que la jurisprudence anglaise et française boulever-
sait les principes fondamentaux du droit maritime, étran-
glait tout le commerce au profit des armements, exposait la
vie des hommes aux plus graves périls. Il chercha loyale-
ment un terrain de transaction et finit par adopter, en dépit
des plus vives résistances, une formule selon laquelle, les
propriétaires de navires étant, en principe, responsables
des faits de leurs capitaines et préposés, il est néanmoins
loisible aux parties de déroger à cette responsabilité par
des stipulations particulières, mais non « *a*) pour tous les
« faits des capitaines ou préposés qui tendraient à compro-
« mettre le parfait état de navigabilité de navires ; *b*) pour
« tous ceux qui auraient pour effet de causer des dom-
« mages par vice d'arrimage, défaut de soins ou incomplète
« délivrance des marchandises confiées à leur garde ; *c*)
« pour toute baraterie, tous faits, actes ou négligences
« ayant le caractère de la faute lourde. » En mai 1886, la
chambre de commerce de Brême, l'association des armateurs du Weser inférieur, la chambre de commerce de
Hambourg, l'association des armateurs de Hambourg, suivant l'impulsion donnée par le congrès d'Anvers, s'enten-
dirent encore pour introduire dans la pratique générale un
type de connaissement composé de dix-sept règles qui
concilierait, autant que possible, des intérêts opposés :
« L'armateur, dit la première, est responsable de ce que
« son navire est convenablement appareillé, armé, équipé,

« approvisionné, en état de navigabilité et capable de faire
« le voyage projeté. Il est également responsable de la
« faute ou de la négligence de ses employés dans l'arrimage,
« la surveillance, le traitement et la livraison de la cargai-
« son. *Toutes conventions ou clauses contraires sont nulles,*
« *non avenues et sans force obligatoire.* » La seconde règle
énumère les risques et les dommages dont l'armateur ne
répond pas.

Quelque avis que nous ayons embrassé sur l'interprétation de la loi française, nous ne pouvons que féliciter la
deuxième section du congrès gênois d'avoir, au rapport de
son président, le professeur Berlingieri, suivi ce sage
exemple. *A questo medesimo sistema,* lit-on dans ce rapport, *s'informa lo schema di polizza que presentiamo alle
vostre discussioni.* C'est déjà beaucoup et nous n'ignorons
pas qu'il faut une certaine dose d'énergie pour résister,
même avec cette modération, aux prétentions de l'arme-
ment.

En outre le congrès lui-même, retouchant la seconde
règle de Hambourg et de Brême, a très heureusement mo-
difié les propositions de cette section. Tandis que celle-ci
se bornait à rendre l'armateur irresponsable de la baraterie
à l'exception du vol (1), il a singulièrement élargi l'exception en votant cet amendement : « sauf le cas de dol ou
« faute grave ». Tandis que le connaissement type de Hambourg déclare l'armateur irresponsable de certains dommages quand ils devraient être « attribués à quelque acte
« illégitime, tel qu'une faute, une négligence ou une erreur
« du pilote, du capitaine, etc,. », le congrès a restreint
l'exception en votant cet autre amendement : « quand ils
« devraient être attribués à une faute, à une négligence ou
« à une erreur *technique* du pilote, du capitaine, etc. », et
a pris soin de rappeler par une phrase significative qu'il

(1) Conformément à la formule de Hambourg et Brême.

fallait subordonner l'application de la seconde règle aux principes énoncés dans la première.

Enfin l'insertion dans un connaissement des clauses *« que dit être, poids, mesures inconnus »* affranchissent, en France, le capitaine de toute responsabilité dans le cas où le contenu, le poids, la mesure des marchandises ne sont pas conformes aux indications de ce même connaissement, à moins que le chargeur n'ait prouvé la faute du capitaine. Le connaissement type de Hambourg sacrifie à l'excès l'intérêt des chargeurs dans sa quinzième règle, ainsi rédigée : « Le poids, la mesure, la valeur des marchandises, bien « que mentionnés dans le connaissement, sont réputés in- « connus du capitaine, à moins que le contraire n'ait été « expressément stipulé. » Le congrès, par une résolution très sage, subordonne l'irresponsabilité du capitaine à l'insertion de la clause *que dit être* et n'astreint plus même le chargeur à démontrer une faute pour recouvrer la plénitude de ses droits, mais seulement à prouver le contenu, le poids, la mesure des marchandises embarquées.

V

C'est du 1er septembre 1877 que date le rapport, signé par l'illustre jurisconsulte sir Travers Twiss, à « l'Association pour la réforme et la codification des lois internationales », du comité formé pour examiner le projet d'un règlement uniforme des avaries communes et composé de représentants spécialement délégués par le comité du Lloyd de Londres, l'association des dispacheurs d'Angleterre, le Nord Deutscher Lloyd, l'association générale des armateurs de Londres, la chambre de commerce, l'association des armateurs et l'association des armateurs de navires à vapeur de Liverpool, les chambres de commerce de Hull et de Cardiff, la société néerlandaise de commerce, l'association des assureurs et la commission des assureurs d'Amsterdam, la société commerciale, industrielle et maritime d'Anvers, la chambre de commerce de Christiania, l'union internationale d'assureurs maritimes de Berlin, les chambres de commerce de New-York, et de la Nouvelle Orléans. Ce rapport adoptait comme base fondamentale, mais (1) avec un certain nombre de modifications importantes, les règles votées en 1864 à York et déjà connues dans les pays maritimes sous le nom de règles d'York. Le nouveau projet fut adopté par l'association sous le nom de « Règles d'York et d'Anvers. » Celles-ci n'ont pas jusqu'à présent, sans doute, passé dans le droit international positif ; mais leur empire fut promptement reconnu sur presque tous les points du globe. Les douze règles originaires ont été revisées en août 1890 par le congrès de Liverpool, aux travaux duquel participaient les représentants d'un grand nombre de nations commerçantes. Le texte nouveau ne comprit pas moins de dix-huit règles.

Le congrès de Gênes a remanié les règles III (*extinction d'incendie à bord*), V (*échouement volontaire*), introduit une nouvelle règle sur les *réparations provisoires d'avaries particulières* et changé de fond en comble la règle finale (aujourd'hui dix-neuvième).

Le texte de Liverpool, qui classe parmi les avaries communes le dommage occasionné en submergeant ou en sabordant un navire en feu pour éteindre un incendie à bord, en exclut le dommage « causé à toute partie du navire et « du chargement en grenier ou aux colis séparés qui ont « été atteints par le feu », ce qu'un jurisconsulte français explique par cette simple phrase : « Quand une chose est « en feu, il serait étrange de soutenir qu'on l'a endom- « magée en éteignant le feu ». Cette exception, admise par la jurisprudence anglaise et formellement écartée par le

(1) Voir sur ces modifications mon *Introduction historique à l'étude du droit commercial maritime*, p. 504.

code de commerce italien (art. 643, § 7), est supprimée par
le congrès (1).

En ajoutant une nouvelle règle (R. XII) au texte de
Liverpool, la deuxième section proposait de sanctionner un
usage commercial aujourd'hui répandu, qui consiste à
classer dans certains cas comme avaries communes les
réparations provisoires d'avaries particulières. Sont assu-
rément avaries grosses les dépenses occasionnées par les
réparations purement *provisoires* qui, n'augmentant en
rien la valeur du navire, sont rendues nécessaires à la suite
d'un dommage admis lui-même en avarie grosse. Mais la
section et le congrès ont prévu cet autre cas où, le dommage à réparer étant lui-même avarie particulière, le
capitaine, faute de moyens pour procéder aux réparations
nécessaires, se trouve dans la nécessité ou de rompre son
voyage ou de faire exécuter *provisoirement* des réparations
qui permettent au navire d'atteindre le port de destination,
tout au moins de gagner le port le plus proche (2). Telle est
l'origine logique du nouveau texte, ainsi conçu : « Les
« réparations provisoires d'avaries particulières, faites
« dans un port de relâche forcée, seront exceptionnelle-
« ment admises en avarie commune dans le cas où le navire
« se trouve dans de telles conditions qu'il ne peut plus
« continuer le voyage sans ces réparations et que les répa-
« rations définitives ne sont pas possibles ou demandent une
« durée assez longue ou des dépenses communes assez con-
« sidérables pour compromettre le résultat du voyage. Il
« faudra déduire de l'avarie commune tout ce qui, des répa-
« rations provisoires, peut être utilisé dans les réparations
« définitives ».

____

(1) Voir pour de plus amples explications le rapport de **M.** Berlingieri, p. 18.

(2) Comp. Henri Fromageot (*Gazette des Tribunaux* du 12 octobre 1892).

Nous tenons particulièrement à féliciter le congrès d'avoir complètement remanié la règle finale. D'après quel statut faut-il dresser les règlements d'avaries communes, tout au moins quand le débat s'élève entre gens de nationalité différente ? Cette question divise les docteurs, et certains jurisconsultes proposent encore d'appliquer en cette matière la loi du pavillon. On arriverait par là même à des difficultés inextricables et, par exemple, si quinze ou vingt contestants appartenaient à des pays divers, le *dispacheur* serait bien embarrassé pour dresser un règlement unique d'après quinze ou vingt législations diverses, peut-être contradictoires. Aussi la pratique admet-elle universellement en France, en Angleterre, en Allemagne (1), non seulement que le tribunal compétent pour statuer est celui du port de décharge, mais en outre que la loi de ce même port doit s'appliquer aux règlements d'avaries, parce que, comme disent les Anglais, le chargeur est réputé avoir accepté d'avance en un premier lieu le règlement *at the usual and proper place,* ensuite et par une conséquence naturelle la loi du même lieu. Nonobstant la généralité de cette pratique et malgré les arrêts rendus en cette matière par la cour du banc de la Reine soit dans l'affaire Simonds contre White, soit dans l'affaire Fletcher contre Alexander, le congrès de Liverpool s'était montré singulièrement timide en se bornant à la proposition suivante : « Dans les cas non prévus par les règles ci-dessus, « le règlement sera établi conformément aux lois et aux « usages qui lui eussent été appliqués si le contrat d'affrè- « tement n'avait pas contenu la clause que le règlement « serait fait conformément aux règles d'York-Anvers ». Le congrès de Gênes a dit, dans un langage à la fois plus précis et plus juridique : « Pour tout ce qui n'est pas prévu par

(1) Voir notre traité de droit commercial maritime, t. IV, n° 968 et 970.

« les règles précédentes, l'avarie commune sera réglée d'après
« les lois ou les usages du lieu de destination. Si le voyage
« est rompu dans un port de relâche forcée, on appliquera
« la loi du lieu. Si, dans le lieu de relâche, manquaient
« absolument les moyens de dresser le règlement d'avarie
« commune, celui-ci devra être fait dans le port d'attache
« du navire et selon la loi de ce port. » Il était utile de
s'expliquer.

VI

La troisième section, chargée du travail préparatoire sur
les assurances maritimes, limita sur le champ ses études
à deux objets : les assurances multiples, le délaissement.
Le congrès adopta sur l'un et sur l'autre les conclusions de
son rapporteur, l'avocat Ernesto Delpino.

Il y a, en droit anglais, *over-insurance* quand le montant
des polices totalisées dépasse l'entière valeur de l'intérêt
en risque. La règle française de « l'ordre des dates » était
autrefois appliquée en Angleterre : la règle inverse y fut
introduite par lord Mansfield, et prévaut définitivement.
Les différentes polices sont réputées faire une seule assurance ; l'assuré ne peut pas recouvrer plus que l'entière
valeur des effets en risque, mais peut poursuivre l'un quelconque des assureurs, la perte devant être répartie entre
tous *by way of contribution*. Au contraire, l'article 359 de
notre code commercial s'exprime en ces termes : « S'il
« existe plusieurs contrats d'assurance faits sans fraude
« sur le même chargement et que le premier contrat assure
« l'entière valeur des effets chargés, il subsistera seul... Si
« l'entière valeur des effets chargés n'est pas assurée par
« le premier contrat, les assureurs qui ont signé les con-
« trats subséquents répondent de l'excédant en suivant
« l'ordre de la date des contrats. » Le code de commerce
italien adopte les mêmes principes dans sa partie géné-

rale (1), mais y déroge au livre II, qui traite spécialement
du commerce maritime, en vue d'une hypothèse déterminée : « S'il existe, dit l'article 608, plusieurs contrats d'assu-
« rance, faits sans fraude sur le même changement par des
« intéressés différents ou par plusieurs représentants du
« même intéressé, qui ont agi sans ordre spécial, toutes les
« assurances sont valables jusqu'au montant de la valeur
« de la marchandise. Les intéressés ont une action contre
« chacun des assureurs à leur choix, sauf le recours de
« l'assureur qui a payé contre les autres à proportion de
« leur intérêt ». Cette distinction un peu subtile est aban-
donnée par le congrès, qui se rapproche du système français.

« A. Si plusieurs assurances sur une seule chose et pour
« les mêmes risques sont stipulés par l'intéressé ou par ses
« mandataires avec mandat direct, lit-on dans une première
« résolution, la première assurance par ordre de date
« est la seule valable quand elle couvre l'entière valeur
« de la chose assurée. Si la valeur totale n'est pas couverte
« par la première assurance, les assurances postérieures
« tiendront par ordre de date jusqu'à concurrence de la
« valeur de la chose. » C'est la règle admise par presque tous les peuples et que le congrès d'Anvers avait
déjà préférée, en 1885, à la règle du droit britannique.
Elle vient d'être, il est vrai, combattue dans une très habile
brochure de l'avocat Casella Luigi di Nunzio, publiée à
Naples (2). Ce jurisconsulte regarde les divers assureurs
comme obligés solidairement et indivisiblement, d'après les
principes généraux du droit commercial, au paiement de
l'indemnité ; mais il n'y a pas de société de commerce, sauf

____

(1) Art. 427 § 1. « Si l'entière valeur n'est pas assurée par le premier
« contrat, les assureurs qui ont signé les contrats subséquents répondent
« de l'excédant en suivant l'ordre de la date des contrats ».

(2) Ce jurisconsulte, membre de la troisième section, n'avait pu faire
adopter ses vues par le congrès.

convention spéciale, entre les assureurs, et leur intention de souscrire une sorte de participation ne peut pas être présumée. M. Casella Luigi di Nunzio fait ressortir les inconvénients du système français dans le cas où la première police aurait été souscrite avec franchise des avaries particulières au profit d'un assureur, la seconde sans cette franchise ; mais, pour que la seconde police soit ristournée par la première, il faut que celle-ci ait couvert tous les risques et l'assuré a toujours pu faire couvrir par une seconde police ceux auxquels la première ne s'appliquait pas : ainsi l'enseignait Casaregis, ainsi l'a jugé notre cour de cassation le 30 mars 1886. Le système anglais, ajoute l'avocat napolitain, fait prévaloir une idée fondamentale en cette matière ; il répartit la perte entre le plus grand nombre possible de personnes : mais que l'on suppose dix sinistres auxquels contribueront, chaque fois, dix assureurs, et le résultat sera le même que si chacun d'eux avait payé seulement, à la suite d'un sinistre, l'indemnité totale. Enfin, dans le système anglais, les assureurs encaissent invariablement toutes les primes, au grand préjudice des assurés (1).

B. La seconde résolution est ainsi conçue : « Si plusieurs « assurances sont stipulées par différentes personnes pour « compte de qui il appartient, sans mandat direct, et s'il y « a aussi une assurance stipulée par celui qui courait le « risque et qui a droit au paiement de la somme assurée « ou par son mandataire direct, cette dernière assurance « doit avoir la préférence sur celles qui n'ont pas été « stipulées par le véritable intéressé ou par son mandataire « direct. Si cette assurance ne couvre pas l'entière valeur « de la chose assurée, les suivantes seront valables jusqu'à « concurrence de la valeur totale. » Cette distinction n'est

---

(1) Ainsi s'explique la campagne si vigoureusement menée par certains jurisconsultes français, amis des compagnies d'assurances, contre la loi française.

pas écrite dans la loi française et date de l'année 1861, où elle fut introduite dans le code de commerce de l'empire allemand. La troisième section l'a justifiée par une phrase très simple : « *Appare del tutto conforme ad equità e* « *giustizia*, a-t-elle dit, *nonché agli interessi del commercio* « *marittimo, che ogni commerciante abbia il diritto di* « *scegliere il suo assicuratore.* » Toutefois le code allemand avait ajouté : « pourvu que, dans ce cas, lors de la conclu- « sion de la seconde assurance l'assuré ne fût pas encore « averti de l'existence de la première ou que, lors de la con- « clusion de la seconde, l'assuré eût déclaré à l'assureur « qu'il repoussait la première (1). » Le congrès ne s'est pas approprié cette proposition restrictive.

C. Troisième proposition. « Dans le cas où il n'y a pas « d'assurance conclue directement par l'intéressé ou par « son mandataire direct et s'il y a seulement des assu- « rances conclues par d'autres pour compte de qui il ap- « partiendra, la première assurance par ordre de date « sera préférée ; et, si elle ne couvre pas la valeur de la « chose assurée jusqu'à concurrence de ladite valeur, vien- « dront les suivantes par ordre de date. » Il est impossible de répudier plus franchement le système qui prévalut il y a dix ans dans la rédaction du nouveau code italien.

D. Quatrième proposition. « En cas de concours des po- « lices d'abonnement à forfait avec des polices ordinaires, « la date des assurances comprises dans la police d'abonne- « ment est la date de la police même. Quand il s'agit d'une « police d'abonnement qui oblige l'assuré à dénoncer « chaque événement de risque, la date de l'assurance est « fixée par le commencement du risque. »

E. Enfin « les assureurs qui n'auront point couru de « risque seront tenus à la restitution de la prime. » Cette dis-

---

(1) Le congrès d'Anvers avait dit au contraire : « même si l'intéressé a ratifié cette première assurance après avoir conclu la seconde ».

position finale, très favorable aux assurés, a été ajoutée par le congrès lui-même au projet de la troisième section. Elle est, à notre avis, rigoureusement logique. Mais a-t-on eu l'intention de proscrire la stipulation contraire ? La compagnie française des messageries maritimes peut légalement, en France, sous l'empire du code français, stipuler qu'elle ne restituera pas, en pareil cas, les primes perçues. Il serait intéressant de savoir si le congrès entend empêcher les assureurs « libérés des contrats subséquents » de stipuler à forfait cette indemnité.

Après quoi le congrès, traitant du délaissement, c'est-à-dire du transfert opéré de la chose assurée à l'assureur par l'assuré, dans les cas de sinistre majeur, en maintient le principe. Il a bien fait de se laisser guider par un usage ancien, presque universel, conforme aujourd'hui comme hier aux nécessités de la navigation maritime.

Mais, répudiant une fois de plus la théorie du code italien, il refuse de classer la perte des trois quarts au nombre des sinistres qui donnent ouverture au droit de délaissement. L'ordonnance française de 1681 n'admettait, on le sait, la faculté de délaisser qu'au cas de perte entière. Mais qu'est-ce qu'une perte entière ? Les philosophes, les moralistes et les historiens qui m'écoutent ne sauraient se figurer à quelles fantaisies d'interprétation s'abandonnèrent en cette matière les jurisconsultes et quels débats ce texte suscita pendant plus d'un siècle. Le code de 1807 permit de délaisser pour perte ou détérioration des trois quarts. On tend de nos jours, à faire revivre le système de l'antique ordonnance. « Le délaissement, dit le congrès, doit être « limité au cas de perte totale ou de destruction de la chose « assurée ». Le congrès d'Anvers avait ajouté en 1885 : « Le navire non susceptible d'être réparé est assimilé au na- « vire perdu ». On vient d'ajouter en outre, à Gênes, et l'on a bien fait : « Il pourra y avoir lieu au délaissement lorsque « les frais nécessaires pour les réparations indispensables

« atteindront la valeur du navire assuré. » Mais il est hors
de doute que, sur ce point du moins, la liberté des conventions ne saurait être entamée : les parties pourront d'avance
prévoir et régler au gré de leurs intérêts les cas de délaissement.

La ville de Gênes a donné le jour non seulement à de
grands navigateurs, mais à de grands jurisconsultes. Le
procureur général Dupin a pu dire du gênois Casaregis :
« C'est l'écrivain le plus distingué de ceux qui ont traité
« des matières commerciales. » Casaregis n'était lui-même
que le rejeton d'une grande race : dès le commencement
du XIVᵉ siècle, Gênes dictait ses lois maritimes au littoral
méditerranéen et aux ports de la Mer Noire ; elle allait
bientôt concevoir et pratiquer avant les autres peuples, dès
la première partie du même siècle, ce contrat d'assurance
qui devait transformer le commerce maritime en lui don-
nant un incomparable essor. Elle n'a fait que suivre le sil-
lon tracé depuis plus de cinq siècles par ses propres enfants
en conviant les légistes de toute l'Europe à chercher dans
le palais de son Université les meilleurs moyens de perfectionner la coutume maritime dans un intérêt international.
Nous sommes heureux d'avoir pu, acquittant une pro-
messe que nous avions faite à la fin du mois de septembre,
soumettre à l'Institut de France les principales résolutions
adoptées par le congrès de Gênes.

Orléans. — Imp. Paul Girardot.

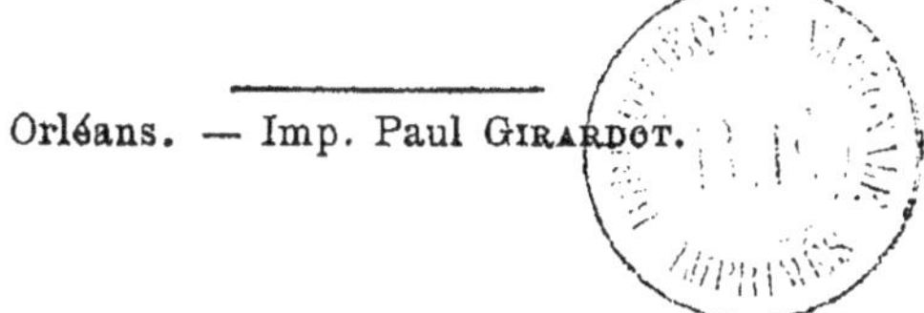